타래시동인회 스물아홉 번째 시집

강성호 김늘무 나윤선 박정구 봉순희 서정부
신다회 신봉숙 이다정 이성순 이영만 이원섭
이승혜 전종일 정사진 조윤호 최국희 최 림
최임순 한승희

차 례

인사말
발간사 - 신다회 타래시동인회 회장 … 10
축　사 - 김순진 은평예총 회장 … 13

참여작가
강성호 - 달빛 장미 외 5편 … 16
김늘무 - 하얀 운동화 외 5편 … 24
나윤선 - 황혼 외 5편 … 36
박정구 - 깊은 뜻 외 5편 … 44
봉순희 - 잎새의 꿈 외 5편 … 54
서정부 - 꿈 실현할 주인공 외 5편 … 62
신다회 - 바위와 금계국 외 5편 … 72
신봉숙 - 산딸기 외 5편 … 84
이다정 - 과일 벗기며 외 5편 … 92

이성순 - 가야금 외 5편 … 100

이영만 - 울 어머니 외 5편 … 108

이원섭 - 죽음의 춤 외 5편 … 116

이승혜 - 사랑 외 5편 … 124

전종일 - 낙엽의 이유 외 5편 … 134

정사진 - 시발점(詩發店) 외 5편 … 142

조윤호 - 무인도·1 외 5편 … 154

최국희 - 찬란한 인생 외 5편 … 162

최 림 - 이끼꽃 외 5편 … 170

최임순 - 호수 외 5편 … 178

한승희 - 호박꽃 외 5편 … 186

타래시동인회 이모저모 - 창립30주년

타래시동인회 *이모저모* – 정기모임

타래시동인회 *이모저모* - 제21회 시화전

타래시동인회 스물아홉 번째 시집

해바라기 편지

강성호 김늘무 나운선 박정구 봉순희 서정부
신다회 신봉숙 이다정 이성순 이영만 이원섭
이승혜 전종일 정사진 조윤호 최국희 최 림
최임순 한승희

문학공원

 발간사

문학 속에 마음의 여유를 되찾고
독자들이 새로운 꿈을 키워가길

신 다 회 회장

 여름 끝자락 막바지 피날레를 장식하는 커튼콜은 이번 여름의 아름다운 이별이었습니다. 극한 폭염과 폭우로 지친 우리에게 문학은 삶의 원동력이 되었던 몸과 마음에 큰 위로가 되었습니다. 긴 여름 고생 많이 하셨습니다.

 이렇듯 38도를 오르내리는 더위에 작렬하는 매미의 노래를 듣던 시인들은 매미의 꿈을 염원했고 하루하루 달라지는 하늘빛을 보며 詩를 썼습니다. 그리하여 회원님들의 열정으로 일궈낸 타래시동인회 스물아홉 번째 시집 『해바라기 편지』를 독자들과 함께 가을 문턱이란 둥근 탁자에 앉아 마음의 온기를 나누며 詩를 읊고 있습니다.

 신선한 바람이 마음을 달래주는 이 계절에도 새로운 이야기를 써 내려가는 회원님들께 큰 박수와 더불어 의미 있는 시간을 마련하고자 합니다.

 타래시동인회는 올해 제31주기로 고인이 되신 이효녕 회장님과 많은 원로 선배 작가님들이 훌륭한 문학정신으로 1995년에 창단 후 보석 같은 회원님들의 협조로 30년의 역사를 맞이하고 있습니다.

  2025년 타래시동인회 동인지 스물아홉 번째 시집 『해바라기 편지』 출판기념회, 제21회 시화전 '함께하는 세상 詩 꽃 피우다' 제40회 '시민과 함께하는 시낭송회', 이성순 시인의 『시간을 굽다』, 정사진 시인의 『서랍 속의 오후들』, 최국희 시인의 『그대 앞에 서 있다』 출판기념회와 특별히 올해 31주기를 맞이하여 우리 동인회를 창단하시고 큰 기둥으로 지켜주신 박정구 고문께 감사패 증정과 문학에 대한 열정으로 타래시동인회에 깊은 사랑으로 활동하시는 이성순 시인께 제1회 타래시문학상을 수상하게 되었습니다.

  한결같은 마음으로 문학을 사랑하며 서로 소통하고 서로 행복을 비는 훌륭한 선배님들의 문학정신을 잃지 않겠습니다. 세월의 속삭임처럼 귓가에 스며드는 단어가 떠오릅니다. 바로 '함께'라는 단어로 '함께 하는 세상의 시꽃'을 피우겠습니다.

  가을바람은 우리 시인들을 독서하기 좋은 계절로 이끌고 있습니다. 문학 속에서 마음의 여유를 되찾고 회복되어 독자들에게 새로운 꿈을 키우는 기쁨 더해지길 소망합니다.

2025년 가을빛 품으며

타래시동인회 회장 **신 다 회**

 격려사

타래시와의 오래된 인연

김순진 은평예총 회장

안녕하세요? 타래시동인회 회원 여러분! 타래시동인회의 비약적인 발전에 옆에서 보는 사람의 마음도 설레고 있습니다. 그렇게 무덥던 여름 날씨가 어느새 선선해지고 설악산으로부터 단풍소식이 전해져 오고 있습니다.

저와 타래시와의 인연은 초창기로 거슬러 올라갑니다. 타래시를 창립해 초대 회장을 지내며 한동안 타래시동인회를 이끌어오시던 이효녕 시인님은 저와 막역한 사이였습니다. 같이 술도 마시고 행사도 서로 응원하며 오가던 사이였지요.

그런데 갑자기 타계하시는 바람에 너무나 안타까웠습니다. 그리고 저와 막역한 지기 신다회 회장님이 이효녕 회장님의 바통을 넘겨받아 오늘에 이르렀지요. 신다회 회장님 역시 저와는 오래된 인연을 가지고 있습니다. 우선 은평문인협회에서 함께 활동해온 사이이고, 지금은 고양시에 거주하는 것까지 닮아 있어 어쩌면 지란지교가 아닌가 생각하고 있습니다.

그런 막역한 문우 신다회 회장님께서 이렇게 훌륭하게 타래시동인회를 이끌어주시니 타래시동인회 회원들은 참 부럽다는 생각을 합니다.

  타래시동인회 회원님들의 면면을 살펴보면 참 소박하고 정이 많은 분들이라는 것이 느껴집니다. 우선 시의 내용을 편집하고 읽으며 교정해나갈 때, '아, 이분들은 맑고 고운 심성으로 가족과 이웃들에게 선한 영향력을 끼쳐온 분들이구나.'하는 그런 마음을 느끼고, 보내오신 프로필 사진을 한 분 한 분 뵈올 때마다 '천상 시인이로구나.'하는 생각이 절로 들게 합니다.

  어쩌면 그리도 영혼이 맑은 분들만 모여 동인회를 이끌어가시는지 부럽기까지 합니다. 그윽하고 맑은 눈매와 외모에서 풍겨 나오는 아우라는 과히 시인들의 표상이 아닌가 하는 생각을 해 보았습니다. 문단과 사회 활동에서도 기라성 같은 분들이 자신의 신분을 낮추고 참여해주시는 모습은 우리 시대의 모범이 아닌가 하는 생각도 해 봅니다.

  이 아름다운 가을날에 멋진 스물아홉 번째 시집 『해바라기 편지』의 출판기념회를 다시 한 번 축하드리며 아름다운 모임을 이끌어가시는 신다회 회장님과 회원 여러분들의 앞날에 무궁한 영광을 기원합니다. 고맙습니다.

        2025년 가을

                은평예총 회장 김 순 진

강 성 호

세종대학교 산업대학원 E-Business 전공
서울시민 영상기자
Shutter Stock 전문작가
AI 책쓰기 강사
월간 ≪문학세계≫ 수필 등단
한국축제방송 영상감독
한국출판지도사협회 부회장(겸 동작관악지부장)
인성교육실천연합 꽃피움심리상담연구소 정책국장
문화체육관광부 한국예술인복지재단 회원
타래시문학동인회 회원
옥조근정훈장(대한민국), 대학정보화유공표창(교육부장관), 대학발전 공로(서울대학교 총장), 지방자치단체장 표창장(성북구청장), WICO 공로상(대회장) 등 수상
저서 : 『내가 차린 아내 밥상』, 『여행! 비우go 채우go 』, 『행복을 찾아가는 12인의 여정』, 『여행작가가 답이다』, 『엄마의 비밀정원』, 『뷰티풀 마인드 카이로스 여행작가』, 『경복궁 시간의 문을 열다』

E-mail : kangsungho0924@gmail.com

달빛 장미 외 5편

강 성 호

달빛에 익은 나, 장미 한 송이
낮의 화려함을 모두 거두고
오직 너에게만 속삭이는 향이 된다

햇살 아래서 세상을 향해 웃던 나
이제는 달빛 속에서 눈을 감고
은빛 그림자만 남겨두었다

바람도 숨을 고른 여름밤
내 향은 멀리 퍼지지 못하고
꽃잎 주변에만 머문다

너는 조용히 코끝을 가까이 대고
나의 은밀한 향기를 마신다
새끼손가락 걸고 달빛과 약속한
나의 비밀 향기였다

기도처럼, 너에게

작은 바람 하나 불어
너의 마음에 머문다면
그건 내가 보낸
침묵의 기도일 거야

햇살 눈부신 아침,
그대 하루가 흔들리지 않기를
글 한 줄에도 숨결이 닿기를
나는 바란다

보이지 않는 곳에서
널 위한 언어를 꿰매며
운명이 머무는 자리마다
너의 이름이 피어나기를

그러니 오늘 하루도
무언가에 쫓기지 말고
그저 너답게
따뜻하게 걸어가기를

영혼의 기억

그 장미는
내 흔적을 기억했고

나는
그 장미의 시간을 찾아냈다

말이 없어도
우리는 서로를 알아보았다
영혼의 빛으로

카이로스의 장미

기억은 바람처럼 스쳐 가고
시간은 아무 일 없다는 듯 흘렀다
그러던 어느 날
그 향기와 다시 마주쳤다

피어난 장미 한 송이
이름도 없이 서 있던 그때의 모습이
지금, 당신을 닮았다

한 송이로도 충분한 위로

한 송이 장미가 나를 바라본다
그 붉은 시선 끝에서
나는 이유 없이 울컥한다

이유도, 말도 없다
그저 존재만으로 충분한 너는
오늘, 나를 위로했다

해 뜨는 아침

오늘 아침
나는 약속하네
해는 반드시 떠오른다고

살며 사랑하고
살며 행복하며
살며 즐겁다면

네가 있고
내가 있다
그것만으로 충분하다

김늘무

시인, 수필가
경찰문학협회 회원
누에실문학회 회원
타래시동인회 회원
반올림수필문학회 회원
E-mail : kmg403@naver.com

하얀 운동화 외 5편

김늘무

햇살이 부드럽게 내리쬐는
길 위를 걷는다

발끝은 가볍고
마음 어딘가엔 빈자리가 있다

꽃 피는 거리마다
누군가는 웃고
누군가는 손을 잡고 걷는다

나는 두 손을
주머니에 넣은 채
고개를 숙인다

새하얀 신발 틈으로
조용히 스며드는
작은 외로움 하나

가볍던 걸음이

조금 무겁게 느껴지는 건

햇살 때문일까
아니면
함께 걸을 누군가가
그리운 걸까

거실을 바라보며

나는 이제 늙었다
너의 몸을 짊어지고
살아온 지도 여러 해다

네가 가끔
나를 바라보는 눈길을 보면
알 수 있다
이제 보낼 때가 되었구나

버려지는 건 슬프지만
운명이라면 받아들여야지

무명으로 태어나
묵묵히 살다가
떠날 시간이 오면

나는 기도할 거야
다음 생엔
너처럼 태어나게 해 달라고
간절히 빌 거야

〈
그리고 너는
나처럼 태어나라고 빌어야지

나의 무게를 짊어지고
낡은 몸으로
차가운 바닥을 밟게 될 거야

그것이
나의 작은 복수다

적과의 동침

슬그머니 스며들어
구석에 자리를 잡는다

그놈은
그늘진 곳에서 나를 노린다

공습경보도 없이
빠르게 지나치며 찌르고
무음으로 날아와
기습한다

손에도
발에도
얼굴에도
피부는 놀라고
따갑다

안전지대는 없다
사방의 적이
숨죽인 채 나를 노린다

〈
반격 개시
해피홈을 뿌리고
부채를 휘두른다

적들의 게릴라전에
승패는 없다

하나와 둘

같은 듯
하나인 듯
그러다 또
다른 듯하다

똑같이 가다가
한 사람은 먼저 걷고
한 사람은 뒤따른다

넘어지는 모습을 보고
서서 바라보기도 하고

한쪽은 웃고 있는데
다른 쪽은 울고 있다

모든 것이
같은 듯하면서
동시에 다르다

그림자는

하나인 듯하고
둘인 듯하다

우리는

나는 너를 때리고
너도 나를 때린다

온몸 가득한 상처
길게, 깊게 누워 있다

나는 너를 달래고
너도 나를 달랜다

연약한 사슴 두 마리
동굴 속에 산다

나는 우로 걷고
너는 좌로 걷는다

걸어가다 멈추니
남은 것은 후회뿐

나는 너를 닮았고
너는 나를 닮았다

〈
우리는 말없이 서 있다
그림자는 하나이다

인연

아침 햇살 쏟아지니
나뭇잎 놀라서 깼지
너 빛나고 나 빛나니
세상없는 인연이더라

나윤선

인천광역시 강화군 출생
월간 ≪한맥문학≫ 시 부문 시인상 등단
한국방송통신대학교 국어국문학과 전공
한국방송작가협회 수료
한국서정문학인협회 회원
타래시동인회 회원

공저 : 『동행의 노래』 등 다수
E-mail : skg8986@naver.com

황혼 외 5편

나 윤 선

앨범 속
빛바랜 사진을 보니
예쁘고 여린 소녀가 웃고 있다

세월이 물처럼 흘러
황혼 나이에 나는
지금 어떤 모습일까

석양에 아름답게 빛나는
저녁노을이었으면 좋겠다

여름 바다

철썩철썩 여름 파도
따뜻하게 느껴지는 바다 내음
작렬한 여름
저 바위에 앉은 갈매기 좀 봐
얼마나 평화로운 모습인가
지상의 낙원이 따로 있을까
비록 살아가는 순간순간
위기와 쉼 사이가 오고 갈지라도
바다 그대가 있어
갈매기도
우리의 삶도
바다 닮은 옥빛처럼 빛나게
살아가는 거야

사랑의 미소

늘 사랑스러운 모습으로
살포시 다가와
미소를 짓던 그대가 그립습니다

가까이 다가와
웃어줄 것 같은
첫사랑 같은 설렘을

아무도 없다는 걸
바람이 다가와
달래주며 살포시 지나갑니다

7월 장미

아이들의 손을 잡고 다니던
자연농원에
손녀 손을 잡고 가니
한여름 장미가
활짝 웃으며
어서 오라 반겨주네

폭염과 폭우로
지친 기색도 하지 않고
향기 가득 담고
소담스럽게 피어있어
7월 행복한 소풍이었다

별 헤아리는 밤

별 하나
별 둘
별 셋

수없이 별들은
누구와 수다를 떠는지
큰소리로 불러도
눈길도 주지 않고
서글픈 마음에 눈물이 주르륵 흘러내리네
왜 슬픈 건지
아는지 모르는지
눈만 깜박깜박

비가 내리는 날

하염없이 내리는
빗소리 들으며
창가에 앉아
커피를 마신다

문득
떠오르는 추억
그날 그 빗속으로
쓸쓸히 걸어간다

박 정 구

1995년 ≪문학과의식≫으로 시 등단
2020년 ≪한뫼문학≫으로 수필 등단
한국문인협회 회원
고양문인협회 회장, 고양예총 회장, 원당신협 이사장, 고양문화재단 대표이사 등 역임
한하운문학상 본상, 경기문학상 본상 등 수상

시집 『떠도는 섬』, 『섬 같은 산이 되어』, 『아내의 섬』
　　『오늘은 제가 그리움을 빌려야겠습니다』
시선집 『갯마을 사람들』
수필집 『설악에서 한라까지』 (상·하), 『백두가 한라에게』
산문집 『푸성귀 발전소』

E-mail : pjg6288@hanmail.net

깊은 뜻 외 5편

박 정 구

봄바람에 풀잎이 흔들리는 것은
네가 보고 싶다는 뜻일 거야
더디게 오는 봄을 기다리는 것도
네가 그립다는 뜻일 거야
더디게 왔다가 쉬 가버리는 봄이지만
따라오는 여름보다 더 푸른
너의 청춘이 부럽다는 뜻일 거야
봄도 가고 여름도 가고
속절없이 가버리는 계절이지만
가을을 기다리는 것은
살아오면서 받았던 감동 때문일 거야
첫눈이 내리면
그때 비로소 알 거야
가슴 뭉클한 일이 몇 번이나 있었는지
찍힌 발자국을 돌아보고 뒤돌아보면서

120미터

암 병동 7층 복도에 출발점이 있다
아내는 출근하는 사람처럼 길을 나선다
담낭, 담도, 십이지장, 췌장까지 잘라낸 아내가
수술 후 첫발을 떼던 출발점이다
복도 바닥에 3미터 간격의 거리가 있다
나는 그 간격만큼 떨어져 따라간다
살면서도 늘 그랬다
부부의 간격이라고 생각했다
내가 앞서면 그 간격을 두고 뒤따르던 아내
오늘은 내가 뒤따르기로 한다
복도 한 바퀴 끝에 골인점 120미터
꺼져가던 한 생이 다시 일어서는 출발점이다

봄과 여름 사이

봄과 여름 사이를 갈랐다
늦봄이 계절 앓이를 한다

신록이 우거진 유월
햇살은 숲 깊숙이 스며들지 못한다
떡갈나무에 가리거나
다래넝쿨에 막히거나
햇살을 거부하며 돌아눕는 산벚까지
이끼만 무성한 숲속에 햇살 한 줌 던져주지 못했다
그사이 축축한 바닥은 썩고 문드러졌다
우거진 숲속을 들여다보면 내가 알지 못했던 이름들
담도담낭췌장비장신장십이장
그중에 썩은 담낭을 떼냈다
깊숙이 숨어 있는 십이지장 췌장까지 들어냈다
쓸개 없이도 살아가는 사람이 어디 한두 명이냐고
담도 췌장 없는 사람이 이 세상에 당신밖에 없겠느냐고
산천이 푸르게 우거지면 아물거라고
활짝 핀 산딸나무꽃을 보여주었다

아내는 아직도 봄과 여름 사이에 있다

보리수

쪽빛 하늘이 몰려와
보리수나무꽃 진 자리에 앉을 때
쨍쨍 햇볕이 내려와
환한 홍등을 걸었다

황소와 어머니

봄날
침대 놓인 창문이 따뜻하다
밭갈이 앞둔 황소가
산낙지 세 마리를 통째로 삼키던 날
어머니도 소처럼 링거를 맞는다
두 분을 봄 속으로 밀어 넣던 산낙지와 수액
아버지는 쟁기에 보습 날을 끼운다

박달나무는 제 몸에 링거 줄을 꽂고
수액을 뺄어낸다
한 방울 한 방울 수액을 채취하던 날
겨우내 마구간에 묶인 황소 고삐가 풀리고
뿌리에 가뒀던 박달나무 수액이 쏟아지던 날도
흐드러지게 핀 산벚꽃잎이 쏟아졌다

어머니는 링거액 힘으로 봄 속을 걷는다
고랑에 엎어진 햇살도 들어 올리고
지나가는 구름도 끌어당겨 눕힌다
봄부터 가을까지 소는 소대로

어머니는 어머니대로 제 할 일을 한다
그래서 겨울은 두 분을 기다리신다

용오름

옛날에 말이다
소신포 앞 장구섬에 큰 구렁이가 살았어야
날만 궂으면 바다는 뒤틀어지고 염병을 했제
모두가 그 구렁이 때문이었어야
갯가에 나가서 조개를 캐다가도
바다가 흐리기만 하면 쏜살같이 와부렀어야
그런데 어느 날,
맑디맑은 하늘에서 마른번개가 치더니만
어이쿠야, 비가 얼마나 거칠게 쏟아지는지 그칠 줄을 모르드라
그때 소낭구 밑에서 비 그치기만 기다렸제
아따 그렇게 퍼붓던 비가 뚝 그치더니
소신포 앞 바다가 출렁거리드라
꼭 뭔가 튀어나올 것처럼 게거품을 물고
달려들듯이 집채만한 파도가 치더니만
하늘로 물기둥이 생기드라
처음 봤어야
오메, 그란디 그때 바닷속에서
시커먼 구렁이가 나타나더니
물기둥을 타고 오른 것이 아니것냐
우리들은 그 자리에서 입만 떡 벌리고 쳐다봤는디

그것이 화근이었어야
구렁이가 용이 될라고 하늘로 오르는데
인간이 그것을 보면 오르지 못하고
다시 바닷속에서 이무기로 산다고 하드라
그때 울들이 안 봤어야 구렁이가 승천해서
용이 되었을 텐디 큰 죄를 짓고 말았어야
시방도 비만 올라면 소신포 앞 바다는
날궂이로 지랄을 떠는디
다 그 구렁이 탓이어야
허기사 내 탓이기도 하제

* 옛날에 할머니가 들려주신 이야기

봉순희

아호는 계향(佳香)
충북 보은 출생
2011년 계간 ≪창조문학≫ 시부문 등단
한국문인협회 회원
은평문인협회 시낭송분과 위원장
창조문학 운영이사
한여울문학 운영위원장
타래시 동인
문학공원 동인
수상 제26회 창조문학대상 수상

시집   『봄이 오고 있잖아요』
       『생의 한 줌』
       『빛과 어둠의 경계선에서』
공저   『한여울의 맑은 꽃』
       『소 우주시회 사화집』
       『행복을 실은 자전거』
       『뉘앙스』 등 다수
E-mail : hee7975@naver.com

잎새의 꿈 외 5편

봉 순 희

바람이 분다
내 몸이 흔들린다

오늘도 습관처럼
아슬한 가지 끝에 걸터앉아
바람의 눈치를 살피고 있는데

어지럽고 불안하다
나에게도
저 새들처럼
저 나비처럼
날개가 있다면 얼마나 좋을까

나는 날고 싶다
하얀 돛단배가 떠 있는
저 하늘바다로
노란 잎새의 깃털 휘날리며

바람이 분다
내 몸이 흔들린다

바람의 언덕

낙엽이 뒹굴고 있다
바람 목소리가 쓸쓸하다

왠지 마음도 허전하여
장롱 깊숙이 가두어 둔
갈색 바버리를 코트를 꺼냈다

가을도 가고 있는데
나프탈렌 냄새가 난들 어떠하랴
세월의 그림자에
유행이 좀 지나간들 어떠하랴
구겨진들 어떠하랴

빛바랜 낡은 코트를 걸치고
허허한 마음 달래가며

저 바람의 언덕을
나는 넘어간다

담쟁이

폭염 내리는 절벽에
어머니가 계십니다

삭정이처럼 앙상한 가슴팍에
이 못난 자식들을 끌어안고

혹여 성난 바람결에
새파랗게 물든 여린 살갗 다칠세라
갈퀴손 모아 기도하십니다

어머니
목이 마릅니다

도대체
저 고도에 무엇이 있기에
뜨거운 불덩이를 머리에 이고
이 고난의 절벽을 오르십니까

배롱나무도 지쳐
열꽃이 피고 있는데

해바라기 편지

비가 내리네
이 비 그치면 오시려나

저 높은 곳에 계신
그리운 님이시여
언제 다시 만날 수 있을까요

그대는 아시나요
장대비 주룩주룩 내리는
한여름 담벼락에 서서

새카맣게 멍든 실로
한 올 한 올
노란 보자기에 수놓는
애틋한 바라기 사랑을

이 비 그치면 님 오시려나
나 그대 오시는 길목에서
편지를 쓰겠네

여름을 사고 싶다

여름을 사고 싶다
그래서 장맛비가 그친 후
파란 버스를 타고 남대문시장으로 갔다

커다란 상점마다 하늘하늘 치장을 하고
깔깔 웃던 화려한 옷가지들이
조금은 풀이 죽은 듯하다

초복 중복을 지나
한여름의 정점 말복이 바로 코앞이다
여기도 떨이
저기도 떨이
무더위까지 덤으로 몽땅 팔아버릴 듯한 기세다

벌써 약삭빠른 장사꾼들이
그들의 속주머니에 파란 지전을 두둑이 챙긴 듯
떠나갈 채비가 한창이다

나는 조급한 마음에
내가 사모하는

저 붉은 불덩이 하나
뜨거운 여름을 싸게 샀다

동행

내가 가는 길에
별 하나 따라옵니다
길섶에 꽃들도
잠결에 손을 흔듭니다
밤길 걷는 내 모습
무척 외로웠나 봅니다

서정부

경남 고성군 삼산면 병산리 출생
시인, 수필가, 칼럼니스트
필명은 동백꽃, 아호는 병산
한국문인협회 시분과 회원
한국영상문학협회 부회장, 사무처장
청송시인회 부회장
한국SGI 문학부 기획이사
한국영화학교 밀집모자 회원
타래시동인회 회원
재경 고성문인협회 초대 사무국장
E-mail : sjb2243@hanmail.net

꿈 실현할 주인공 외 5편

서 정 부

험난한 세상
거친 풍랑 파고 높다
허나 장해에 부딪힌 파도는
더욱더 거세지며
바위마저 부수고 용솟음친다

아무리 세상이 거꾸로 몰아쳐도
두려움 없이 거침없이 헤쳐 나아가자
어떠한 두터운 철벽이 가로 막는다 해도
뚫지 못할 어려움 따위는 절대로 없다

장모님 임종

2025. 3. 5. 아침 10시
향년 85세 류은옥 별세, 비보
고난과 장해가 날마다 겹치는
힘들고 고통스런 생을 마감하다

평생 살아온 삶의 궤적은
양보 배려 헌신의 순고한 인생길
단 한 번도 속마음 털어놓고
무엇도 대접 받는 것 허락지 않았다

오직 사고로 잃어버린 불구 다리
남편 뒷바라지와 아들딸 손자손녀 위해
사랑만 베푸시며 완전 연소하고 떠난
고달픈 삶을 살아오신 거룩한 우리 장모님

마지막 가시는 길
지켜드리지 못한 불효자식 사위
날마다 속죄하며 후생선처 명복을
가슴 저리며 간곡히 기원올립니다

거제 명품 맛집 한꼬막두꼬막

천혜의 대자연 요새
거제시 일운면 지세포항
삼면이 고도 300m 400m
푸른 병풍 산맥으로 둘러싸이고
동쪽은 가슴 확 트이는 절경 바다
바위 감싸며 놀다가는 새하얀 파도

각종 놀이시설 다 갖춘
휴식하기 편리한 바다 내려다보이는
라마다리조트 소노캄리조트
거제시월드 거제해양박물관
요트경기장 외도 지심도 해금강
오가는 유람선 선착장 위편에 위치한
30년 경영 특별한 노하우 풍성한 맛집

전국 곳곳에서 찾아든 손님 넘쳐나
본관은 물론 별관 대기실까지 운영하는
근래 보기드문 특이한 고급해산물 집

대표 메뉴는

벌교꼬막요리 전복요리
보리새우요리 가리비요리
세꼬막 꽃게된장찌게 가재미구이 등
오랜만에 맞이한 푸짐한 한 상
가격도 너무 착해 부담 없이 찾는 곳
모두가 입에 침이 마르도록
맛 나는 고급요리 잘 먹었다 칭찬이
자자하게 전국 팔도로 울려 퍼진다

다시 꼭 한번 가보고 싶은
참 보기 드문 대단한 맛집
나그네 가슴 푸짐한 감동 넘친다

가슴 설레는 오늘

맑고 상쾌한 기분으로
두근거리는 가슴 안고서
새 아침을 기쁘게 맞이한다

마음 비우고
욕심 내려놓으니
온 세상이 어제보다 더
무척 아름답게 보인다

내 주변 누군가에게
뭔가 바라는 것이 아무것도 없으니
날마다 스치는 사람 모두가
살갑고 기쁘게 만날 수 있다

습기 가득 머금은 뜨거운 바람도
한낮 내리 쬐는 불볕더위도
오랜 친구마냥 친근감이 든다

우리네 사는 게 다
순간순간 마음 먹기

나름이란 생각이
온몸으로 몽실몽실 피어 오른다
생각만 바꾸면
못 견딜 시련 따윈 없겠다 싶다

인류의 일상생활

이 지구상 만인의 행복
평화사회 실현 위해 일사불란
해결하는 지혜를 탐구하고
몸도 마음도 아끼지 않고
사람들 위해 힘쓸 때
불멸의 위력과 지혜가 빛난다

서민을 지키는 선의 연대가
서민을 괴롭히는 그 원흉인
악과 단호히 투쟁함으로써
평화와 행복
인간주의 정수를 확립할 수 있다

과학 문화가 발전하면 할수록
인간의 잔인한 횡포가 강해지고
인류를 파괴하는 질투 비굴은
더욱 강성해져
교활해지고 더욱 악랄해져
파멸의 결과를 초래하고 있다

〈
인류의 영원한 평화를 구축하고
지구촌 행복의 낙원을 건설하는
원동력은 사차원 고등종교여야 한다
불법 즉 사회의
대도를 끊임없이 걷는 행동 그것이
인류사에 입정안국이라는 장대한
희망의 궤적 등대로 빛나게 할 것이다

도탄에 빠진 서민의 괴로움을
방치하는 일은 절대로 용납할 수 없다

파도

청잣빛 하늘과 바다
거제 능포항 해변
하얗게 부서지는 파도
아스라이 님의 모습
그려본다

신다회

아호는 채운(彩韻)
시인, 시낭송가, 동화구연가
Creative Arts, Poetry Therapist 강사
《문학과 현실》 시부문 등단.
한국문인협회 회원, 국제pen한국본부 회원
한국문인협회 은평지부 부회장.
자랑스러운한국인시낭송발전대상 최우수상, 자연환경예술문학 대상, 천등문학
한국시낭송가 대상, K글로벌스타문화예술대상(2025 문학예술발전공로대상)
한국시니어시 전국시낭송대회 주최
타래시동인회 회장(31주년 스물아홉 번째 동인지 발간, 시화전 21회 실시, 시낭송회 41회 실시)
신다회 시낭송 CD 1,2집.
시집 『사랑해, 내 그늘마저』
You Tube : 신다회의 시와 동화로 꽃 피는 세상

E-mail : edustory@hanmail.net

바위와 금계국 외 5편

신 다 회

폭염 폭우에도
황금빛 미소
잃지 않은 까닭은
온몸으로 막아준
지독한 사랑 덕분입니다

들바람
꺾이지 않고
눈부시게 춤추는 까닭은
바닥에 누워 그늘 되어준
고귀한 희생 때문입니다

이별 충전소

가면 쓴 위선이
깊숙이 파고들어
똬리 트는 곳

야비하고 비굴한 시간
주저리주저리 서리어
진실이 끼어들 수 없는 곳

사랑 도망가는 출입구

머리 위에 앉은 고추잠자리

여름과 가을 사이
허공에서 시력을 잃은 걸까
빌딩 속 도심
부지런한 가을 한 점이
머리 위 사뿐 내려앉았다

광활한 하늘 무대
낯설고 두렵거든
언제든지
쉬었다 가렴
밀짚모자 쓰고 서 있을게

너의 힘듦이
다시 찾아오거든
날아오렴
들판같이 넓은 모자 쓰고
마중할 게

희망과 절망 사이
가슴에 와락 내려앉은

짧은 인연
그녀는
무엇을 염원했을까

나의 쉼!

화전(花煎)에 쓰는 봄 엽서

삼월 삼짇날
애지중지 자식 사랑으로 구워낸
어머니의 화전
입안에 아련히 피어오르는
소망 메시지였다
봄꽃이 춤추며 은하수 따라가는 날
어머니 몸에 밴 구수한 냄새도
연기와 함께 하늘로 올라갔다

어머니
드디어 봄이 왔어요
그곳에 제비꽃 피었지요
노랑나비도 날아왔지요

콩닥거리는 심장이
연분홍 바람을 좇아간다
그녀와 마주친
가장 완벽한 순간
삶과 죽음을 오고 가던 양심
'꽃을 꺾지 마시오.'라는 푯말을 보지 못하는

장님이 되고 말았다
일 년에 한 번 꽃 도둑이 된다

그리움 온도
뜨겁게 달궈진 팬 위에
하얀 쌀가루 곱게 빚어
진달래 얹고 들기름 두르면
꽃향기 머금은 화전이
엄마처럼 웃고 있다
시집간 딸에게
희망을 구워 보낸 화전(花煎) 엽서에서
꿀이 뚝뚝 떨어진다

지구별에서 가장 빛나는 신랑 신부에게

천년을 품은 부부 연으로
사랑꽃 피운 약속의 날
이토록 아름다운 축복의 날
한자리에 서 있습니다

꽃이 피고 지듯
기쁨과 슬픔이 동행하는 우리 네 삶
혹여, 슬픔이 찾아와도
신뢰와 헌신으로
보석보다 소중한 미래를 위해

바위 같은 버거운 무게도
두 마음 하나가 될 때
비로소 백지장처럼 가벼워지고
바람을 타고 날아가야
무지갯빛이 보이는 것이기에

지혜로운 우산을 펼치고
같은 곳을 향해 걸어가리라 믿습니다
언제나 자랑스러운 아들이었고 딸이었듯이

세상 하나뿐인 보금자리에
지구별에서 가장 빛나는
사랑의 꿈나무 아름드리 피워가길 기도합니다

통섭학의 거인 여암 신경준
- 여암 탄신 312주년 여암학 서설 축시

하늘에서 붉은 호랑이가 내려오자
북극성의 정기를 받아 뛰어난 사람이 될 것이라는 태몽을 꾸고
1712년 여암은 태어났습니다

"한해도 저무는 추운 계절에
홀로 푸르게 참된 성품 지켰네
눈이 내려도 감히 기만하지는 못하리니
내 정신을 도와 더욱 새롭게 도와준다네"*

설죽(雪竹)에 비치는 달의 걸음 따라 북극성 별빛을 만나게 되었습니다

4대 임금을 섬기며 큰 공을 세운
고령신씨 '신숙주' 동생 '신말주'의 10대손
세종이 중용한 당대 최고 명필 '신장'의 11대손
네 다섯 살에 천자문과 시경을 읽은 신동

자유로운 영혼을 꿈꾸는 젊은 철학자
고향 귀래정에 머물러 부모님을 그리며
감수성 뛰어난 섬세한 문학가

벼슬에 연연하지 않으며
산천초목이 꿈틀대는 숨소리를 듣는
조선의 선비였습니다

훈민정음과 한자음 연구로 세계 언어학자 반열에 오른 언어전문가
땅을 품어 과학으로 풀어낸 지도의 마법사 지도전문가
실학을 꽃피운 최고의 실학가
삶의 따뜻함을 보여 준 시인이었습니다

문학 철학 수학 과학 지리학 병법학 등에 능통하고 더구나
동양 철학과 근대 과학적 학문에 밝은 자유인이었으며
성리학 주자학 언어학 문자학
폭넓은 지식을 넘나들어 두루두루 통하며
삶의 문제를 풀어가는 융합 통섭학의 거인 여암 신경준!

'위당 정인보'는 일제강점기에
신경준이 국정을 담당하는 자리에 있었다면
일본에 절대 패망하지도 않았고
오히려 일본을 능가했을 것이라고 평가를 했던 것처럼

우리 후손들에게 자긍심을 키워준 뿌리 깊은 업적은
붉은 호랑이의 큰 발자국으로 남은

통섭학의 거인이여!
여암 신경준 선생님이시어!
북극성 영원한 길잡이 별로 더욱 빛나소서

* 은 신경준 선생의 시 「설죽(雪竹)」

신봉숙

충북 괴산에서 출생
≪현대계간문학≫ 등단
1980년 결혼 1남1녀를 두고 있다
수경농장 대표. 서탄면 새마을부녀회장
2018년부터 서탄마을 부녀회장을 맡아오다 지금은 서탄면새마을총회장을 맡고 있다
MBC라디오 여성시대
KBS라디오 희망가요. 잡지 등 채택
≪현대계간문학≫ 「들꽃」, 「내 마음의 눈물」, 「여인」 작품으로 신인상

산딸기 외 5편

신 봉 숙

정다운 오누이
두 손에 꼬옥 쥐고
재잘재잘 고요한 산속에
메아리치네
눈 한번 찡긋
시고 달콤한 맛
입안에 가득
어제 사 온
레이스 하얀 치마 앞자락에
빨간 고운 물이
잔잔한 수채화처럼 퍼져 나간다

너를 위해서라면

이 세상 하나뿐인
너를 위해서라면
바람 부는 언덕에
고목이고 싶습니다

너무나도 소중한
너를 위해서라면
인적 없는 깜깜한 바다에
작은 등대이고 싶습니다

사랑하는 너를 위해서라면
난 외로운 작은 새가 되어도
결코 후회하지 않습니다
나를 진정 사랑한 너를 위해서라면

촛불

어둠이 하얗게 부서지는 밤
가냘픈 너의 몸부림은
고뇌를 잊게 하고
고요한 밤에 적막을 불사른다
어둠은 소리 없이 깊어만 가고
풀벌레 울음소리 높아만 갈 때
내 사랑도
내 아픔도
촛불 위에 모두 태우리라
아낌없이 미련 없이
밤새워 태우리라

귀뚜라미

우리 본 적은 없지만
난 너를 알아
매일밤 창가에 찾아와
기쁨과 희망의 노래 들려주었지
삶의 지쳐 방황하고
죽음의 문턱에 서 있을 때도
달님과 함께
내 곁을 지켜주었고
희망을 안겨주었지
오늘 밤도 너의 고운 노래 들으며
행복의 꿈에 젖어본다

기도

우리 영원히 사랑하게 하소서
서로 인내하며 용서하게 하소서
미워하지 않게 하소서
끝날까지 함께하게 하소서

첫사랑

스치는 수많은 사람 중에
우연히 한번 만나고 싶은 사람
시간이 흐르고 긴 세월이 흘러도
내 가슴속에 사는 사람
꿈속에서라도 꼭 한 번 볼 수 있다면
나는 이 밤 깊고 깊은 잠에 빠지리라
길을 가다 우연히 한 번쯤은
만나고 싶은
추억 속의 그 사람

이 다 정

서울대 농업생명 CALS ELP 수료
≪다온문예≫ 신인작품상 수상 등단
다온문예문학상 대상 수상
한국문인협회 회원
타래시동인회 회원
민주평화통일자문회의 자문위원
대한체육직장인 스포츠댄스 이사

가요앨범 2집 발표

과일 벗기며 외 5편

이 다 정

밤길에 찾아드는 계집처럼
둥근 사과 벗기면
비로소 살 냄새피우는 사과 향기
계절 하나가 문득 입가에 스민다

타들어 가는 입술
촉촉한 물기 적셔주니
혀를 끌고 들어가
질퍽한 물이 흘러들어
바람은 사과나무 가지에 엉겨
달콤한 시간의 베일 자꾸 벗긴다

떠오르는 보름달
그대의 마음같이 보여
한 꺼풀 살짝 벗기니
달빛에 비친 너의 붉은 얼굴
향기로 와삭 씹혀
오늘은 정말
입술 가득 달콤하고 촉촉하다

사랑아

사랑아
네가 가면
내가 아프단다

아프다는 건
너무나
슬픈 일이란다

고운 단풍인들
네가 없으면
한낱 떨어질 낙엽
한 방울 눈물이 될 사랑인가

사랑아
사랑아
그래서 언제나
내 곁에서 가지 마라

여름날

집 앞산에 들어서니
온 세상이 파랗다

장마는 그친듯한데
그 끝에 온 세상이 눈부시다

산속 골짜기마다
그늘이 이끼로 덮어 푸르고

흘러내리는
물은 차갑고 세차다

비가 그친 숲속에
요란한 매미 울음소리

그 소리 개울물 흐름에 묻혀
나는 얇디얇은 푸른 잎사귀들은
한순간도 쉬지 않고
내 몸속에서 푸른 꿈을 꺼내놓는다

칸나

높은 키로 발굽 치켜들고
환하고 눈부시게 골목 지키는
붉어진 칸나의 키 큰 모습
자락마다 가슴에 찔린 슬픈 꿈들
새로 내린 이슬 한 방울로 얼굴 씻는다

허공중 뿌리내린
일각의 인연이여
장대 세우고 내리꽂는
정적이 흐르던 밤
고요를 깨어 울리는 빗소리
열정의 모습을 보이려
시들어 잠자는 나를 깨운다

행복의 의미

거울 속에 비친 내 모습 보니
똑같은 얼굴 똑같은 생각
세상에 하나밖에 없는 보물

구름도 생각도 마음도 시간도
흐르는 시냇물도
자연의 섭리에 순응하는데
그러나 어쩌지요

인간이 가질 수 있는 것은
정찰된 추억과
사랑을 느낄 수 있는 감성뿐

사랑하세요 사랑 주세요
오늘도 즐겁고 행복을 위해
두 손 모아 기도합니다

마음꽃

아픈 상처
추억으로 자라
그리움 피어나니
장미보다
아름답더라

이성순

아호는 소담(小談)
2015년 ≪창조문학≫ 시 등단
한국문인협회 회원
국제pen한국본부 회원
창조문학 이사
계간문예 이사
태래시동인회 회원

시집 『시간을 굽다』
　　　『흰』
　　　　『바람의 땅』

가야금 외 5편

이 성 순

뒷마당 오동나무 속에서 들려오는
열두 줄 인생사가 사계절 구절구절
조용히 들리어오는 가야금산조 소리

외씨버선

옥양목 외씨버선 신어 본 지난 추억
보랏빛 그 옛날을 생각하며 웃어본다
먼 옛날 묘령의 나이에 할머니 뵙는 듯

연날리기

한지에 댓가지로 서러움 풀칠하여
묵은해 구설수를 드높이 동서남북
얼레 실 풀어 하늘 높이 근심걱정 날린다

은비녀

아버지 꽃상여 타시던 날
비녀를 빼 들고
한평생 삶의 넋두리 대성통곡
마음 아픈 사연
비녀 속에 다시 꽂으시던 어머니

천년의 빛 부안

바다에서 잠자던
조선의 청잣빛을 발견한

팔백 년 동안이나 잊혀졌던
유천리* 동네 도공이
흙을 진이여 불가마 속에서
태어난 상감청자

전북 부안 땅
장인의 청잣빛이 고와라

* 유천리 : 전북 부안 유천리는 흙이 좋아 도공들이 조선시대 상감청자를 구워내던 지역이다.

팔랑개비

내가 버리지 못하는
고집 하나
기다리는
바람 바람 바람

이영만

가수 이름은 닥터 리
시인, 작사가, 가수, 치과의사
≪문학바탕≫ 등단
은평문인협회 부회장
한국스토리문인협회 자문위원
타래시동인회 회원
은평치과의원 대표원장
성균관대, 한림대 의과대학 외래조교수
서울대 치과대학 연수원 외래교원 역임
경희대, 중앙대, 성신여대, 숙명여대, 서울시민대학 교육원 출강
서울대학교(치의학대학원 치의학교육연수원) 수석 최우수상, 서울대학교총장상 수상
시집 『엄마의 노래』
가요 작시 「덕분에」 외 다수
E-mail : epd810@hanmail.net

울 어머니 외 5편

이 영 만

어머니 우리 어머니
모진 가난
등에 지시고
손발이 다 닳토록 고생만 하신
얼마나 힘드셨나요
이제야 알았어요
어머니는 자식이 전부라시던
그 말이 그 말이
왜 이렇게
오늘따라 눈물이 날까요
어머니 어머니 보고 싶어요
고마워요 감사해요
어머니 어머니 그립습니다
고마워요 감사해요

빗물 꽃

천 리 먼 길 가시밭길
노을처럼 님 찾아왔건만
허무한 내 가슴
그대는 간 곳 없고
언제 올까 기다리다
쓸쓸한 내 가슴만
비에 젖어 애간장 녹아내린다
오지 않을 그 사람
기다리던 그 자리에
빗물이 꽃처럼 피어
나를 울리네

인생 브라보

우리네 인생은 때로는 웃고
때로는 울면서도 무지갯빛 찾아
끝없이 도전을 한다
살다 보면 때로는 꽃피는 봄날도 있고
때로는 눈보라치는 겨울도 있겠지만
울고 웃는 인생살이 이런저런 일도 많았지만
그래도 나의 인생 감사해요
그래도 우리 인생 행복합니다
브라보 해이 브라보 해이
우리 인생 브라보

엄마의 노래

울 엄마가 불러 주던
콧노래가 그립습니다
문 앞을 서성이며 밤새우시다
주름 깊었네
모진 세월 눈물도
한숨으로 삼키시며
한평생 자식 위해 살아온 당신
어머니 사랑합니다
모진 세월 눈물도
한숨으로 삼키시며
한평생 자식 위해 살아온 당신
어머니 사랑합니다
사랑합니다
어머니 사랑합니다
어머니 사랑합니다

지갑이 형님

사랑은 박력 있게 눈치는 센스 있게
딱 보면 알아 느낌 오잖아
한번 먹은 나이를 줄일 수는 없지만
못다 한 사랑도 다시 해 보고
엿장수 맘대로 되는 일은 아니지만
내 청춘에 술잔에 사랑도 채워보고
인생 무지개 잠시 잠깐이지
꽉꽉 열어라 지갑이 형님이여
한세상 소풍 왔다
나머지 인생은 쿨하게
사랑은 박력 있게 눈치는 센스 있게
딱 보면 알아 느낌 오잖아
한번 먹은 나이를 줄일 수는 없지만
못다 한 사랑도 다시 해 보고
엿장수 맘대로 되는 일은 아니지만
내 청춘에 술잔에 사랑도 채워보고
인생 무지개 잠시 잠깐이지
꽉꽉 열어라 지갑이 형님이여
한세상 소풍 왔다
나머지 인생은 쿨하게

꽉꽉 열어라 지갑이 형님이여
한세상 소풍 왔다
나머지 인생은 쿨하게

바보 사랑

긴 세월 차곡차곡 쌓인 그리움처럼
흰 눈이 소복소복
소복소복 쌓이는 이 밤
님 향한 내 가슴만 속절없이
속절없이 두근두근
그대는 아실까 모르실까
바보처럼 말 못 하는
가슴앓이 바보 사랑
눈 내리는 밤
잠은 안 오고
그리움만 소복소복

이 원 섭

아호는 청산(靑山)
경기도 강화 출생
장신대에서 신학 전공
1987년 중편소설 「미곶제」로 ≪동서문학≫ 등단
일제만행을 규탄하는 '가세 가세쇠못 빼러 가세'를 주최했고
KBS '국토기행', '민속기행', '민요기행' 등 프로그램의 방송작가를 역임
세계샤먼과 미스터리 탐험가를 꿈꾸며 Today 7
남상일 진행 KBS 한민족방송 출연
창작집 『섬』
대장편 『신(神)』(전3권),
장편소설 『부적』(전2권), 『일본 암살』, 『일본을 향해 쏴라』 출간
유투브 : 靑山 이원섭 작가 유튜브

죽음의 춤 외 5편

이 원 섭

그녀가 춤을 춘다
죽음으로 나아가는 마지막 춤을 추어댄다
인당수 물굽이에 꽃으로 던지는 춤
하방수가 빙글빙글 돈다

꽃을 삼켜야 잠잠해지는 용왕의 거친 욕정
용왕은 열다섯 살배기 심청의 몸을 원한다
심청은 용왕에게 바치는 몸의 제사를
죽음이라고 생각하고 있을까
죽음의 무서움을 알고나 있을까
거기 어린 꽃 한잎 떨며 선다
춤은 마지막 꽃잎의 낙화를 위해 마지막으로 치닫는다
죽음의 춤
죽음 앞에서 누가 태연할 수 있을까

욕망의 늪

욕망의 혀는 길고
욕망의 뿌리는 질기다
욕망의 침은 달고
욕망의 덩어리는 뜨겁다
욕망으로 무장된 육체는 강한 군대 같고
욕망으로 살찐 정신은 세상을 삼킨다
신이시여,
이 호이
내 속의 욕망의 뿌리를 자르소서
자르지 못하시면 자를 힘을 주소서
힘을 주지 않으실 양이면 지혜를 주소서
이길 수 있는 방법을 살필 수 있게
지혜를 주소서

벼꽃

바람
별
해가 만들어낸
농부 땀방울

해신제(海神祭)

번갯불이 무대를 공격한다
중모리로 계속된
지애의 애처로이 떠는 모습
잠시 드러났다 사라진다
또다시 번갯불이 공격해 온다
지애가 뱃전으로 나아 간다
두 팔을 올려 하늘과 맞선다
두 팔 휘저어 춤사위 쏟아 놓는다
바다는 하얀 이빨을 번득이며 배를 공격해 온다

두 눈을 딱 감고 유영처럼
뱃전으로 우루루루루루루

비애(悲愛)

사랑은 비가 되고
사랑은 눈이 되고
사랑은 그대 눈물이 되어
사랑은 그대 한숨이 되어
내 마음 깊은 그곳에
맥박처럼 뜨겁게 흐르네

풀벌레 우는 밤

바람 소리만 들어도
그대인가 싶어
풀벌레 우는 밤
문득 일어나
나를 찾는 그대인가
귀기울이네
아 사랑은
저미는 영혼의 고문
그대 없이
긴 밤 새우는 건
더 큰 괴로움에서 보냈습니다

이승혜

아호는 도담(圖炎)
한국예술협회 이사
한국방송신문협회 시문학회원 겸 문화부기자
타래시동인회 회원

수상 경력
서울청소년지도자 작가대상 및 표창장
자랑스런대한민국봉사공로 시민대상
세계문화예술 모범한국인상
호주 KBS 시화전 출품 시드니 작가상
2018년 평창 동계올림픽 성공기원 문학부문 대상
한국 유미술신문 미술대전 봉사상
노르웨이 콘템플러리 시화전 출품 및 다수
제17회 사단법인 대한민국문화예술작가연합회 주최
2023년 공모대전 특별상 수상
2024년 공모대전 우수상 수상
한국문학인대사전 등재(한국작가협회)
저서 『살다 보니 인생 공식 있더라』
동국대 동인문집 『문학의 본고장을 지키는 시인』」

사랑 외 5편

이 승 혜

작은 속삭임 하나에도
세상은 문을 열고
빛나는 미소 한 조각에
얼었던 마음 녹아내리네

그대 손길 닿는 곳마다
따스한 온기 번지고
눈빛 마주친 순간마다
시간은 고요히 멈추네

화려한 말 필요 없이
곁에 있는 것만으로
숨 쉬는 모든 순간이
벅찬 감동이 되네

서로의 어깨에 기대어
지나온 길 돌아보고
함께 걸어갈 내일에
설렘 가득 채워가네

〈
이름만 불러도 좋은
가장 소중한 그대여
가슴 깊이 스며들어
나의 전부가 된 사랑.

나 행복과 놀련다

달디달고 달은
부모 사랑 듬뿍 받고
마냥 뛰놀던 시간들
전부가 내 것인 줄 알았는데

한눈 판 사이
저만치 가버린 행복
다시 내 품에 안기기까지
지구를 몇 바퀴 돌았네

지지고 볶던 한 때 지나
시절 인연 돌아오니
사계절 모두가 엄마 품인 것을

울 부모 달달한
무언(無言)의 사랑 그대로
나도 행복과 놀련다.

별을 심는 사람

누군가는
아픔을 감추려 땅을 파고
누군가는
눈물을 덮으려 꽃을 심지

나는
밤하늘을 파내 별을 심었다
울고 있는 마음 위에
은하수를 뿌려주듯

그대가
절망의 들판에 주저앉을 때
내 시 한 줄이
그대 눈 속에 반짝일 수 있다면

나는 오늘도 보이지 않는 하늘 한 켠을
살며시 파서
또 하나의 별을 심는다.

내가 선택한 고독

누군가 떠나서가 아니라
내가 나를 지키기 위해
고독을 선택했다

시끄러운 대화보다
침묵이 더 편했고
억지로 어울리기보단
혼자가 더 온전했다

고요한 밤
작은 숨소리에도
내 마음이 들리던 시간

비어 있는 게 아니라
비워낸 것이었고
쓸쓸한 게 아니라
지극히 나다웠던 순간

이 고독은
나를 아프게 한 게 아니라

온전히 나답게
살게 하기 위함이었다.

선인선과

오랜 침묵 깨고
거대한 물줄기 휘돌아
새로운 새벽 도래하리니

어둠 속 가시덤불
스스로의 무게에 무너질 때
진실의 눈은 뜨이고

성현은 오래전 말했지
"선을 행하면 복이 있고,
악을 꾀하면 스스로 망하나니"

하늘은 잊지 않는다
작은 선 맑은 눈빛
숨겨진 눈물과 기도까지도
알고 있다고

바람이 말하네
깊은 뿌리 내린 선한 사랑
세상을 다시 꽃 피울 것이라는 것을.

침묵의 사랑

보고 싶다는 말조차
고운 침묵으로 삼켰다
꿈속의 그대가 떠오를까
에둘러 웃으며 참아내다
한 송이 눈물로 피었다.

전종일

아호는 율포
민족혼 SCHOOL
도통군자 SCHOOL
천손문화 SCHOOL
한국 뇌과학연구소 교육 이수
국학교육 강사
가발 박사 대표
현) 훈민정음 뇌파 연구원
사이버 대학교 대학원
홈페이지 초안 출시

명상에세이집 『율포생각』 출간
youtube : 율포 어록(전종일 선생)

낙엽의 이유 외 5편

전 종 일

가을 낙엽 떨어지는 건
나무가 약해져서가 아니다

추운 겨울
견뎌야 하는 뿌리에게
따뜻한 이불 덮어주기 위해서다

바람에 흩날리며
땅 위에 내려앉아
찬바람 막고
뿌리를 품는다

뿌리가 살아야
봄이 오면
새잎으로 갈아입을 수 있으니까

낙엽은
떠남으로
다시 봄을 부른다

웃음과 눈물

웃음은
몸속 깊은 곳까지
햇살 불러들이고

그 햇살이
병든 가지 덮어
다시 꽃 피운다

눈물은
마음을 열어
다른 이의 마음과 닿게 하고

그 닿음 속에서
사랑은
조용히 자란다

나무와 잎의 약속

봄 오면
새잎 돋아나
햇살 마시고 숨 쉰다

여름이면
넓은 잎으로 팔 벌려
뿌리 위 시원한 그늘 드리운다

가을 되면
조용히 옷 벗어
겨울을 견뎌야 하는 뿌리에게
따뜻한 이불 덮어준다

뿌리가 살아야
다시 봄이 오고
새잎은 팔을 벌린다

이렇게
잎과 뿌리는
서로의 계절을 살린다

행운

행운은
기다린다고 오지 않는다

손을 펴서 쥐려 하면
바람처럼 달아난다

하지만
내 것 내어줄 때
텅 빈 손바닥 위로
햇살처럼 내려앉는다

행운은
주는 자
집 문을 먼저 와
쾅쾅 두드린다

듣는 힘

건강 원한다면
말 줄이고
귀 열어라

바람 소리
사람 마음 소리
내 몸속 숨소리까지

들은 만큼
몸 고요해지고
마음 깊어진다

건강은 말 속에 있다

밥이 내 몸 살리는 게 아니다
내게 건네진 말 한마디
그 온기 피가 되고 숨이 된다

차가운 밥 먹어도
따뜻한 눈빛 속에 앉으면
내 몸 봄처럼 풀린다

황금 찬합 속의 고기라도
거친 숨 모난 말 함께라면
그 맛 독이 된다

건강은 혀끝에서 시작된다
내가 뱉는 말 나를 살리고
내가 듣는 말 나를 지킨다

정사진

아호는 혜석
대구 출생
시인, 수필가
≪인향문단≫, ≪시학과 시≫ 신인상
문학심리상담사 웹소설작가
독서논술지도사 인문학지도사
노인문학활동지도사
≪시학과 시≫ 서울·인천·경기 지부장
E-mail : jeongsajin@gmail.com

시발점(詩發店) 외 5편

정 사 진

시가 피어나는 가게에서
커피 향 시를 마시니
행간 사이
원두 향 넘쳐 흐르고
창밖 언덕
꽃시(詩)가 피어나는 소리
황홀하여라
술 익는 발효음에
시가 숙성되고
빵 굽는 내음 속 시는
민들레 포자처럼
퍼져가는 봄 햇살이 아닐까
꽃과 시가 피는 날
봄은 그렇게 교향곡 선율이 되어
따스한 운율로 퍼져 나가고
시발점(詩發店)에서는
시(詩)가 동네 어귀 감싸는
훈풍(熏風)으로
사람 사이 윤슬처럼 빛났다

제비꽃

그대 처음 만난 날
달보드레한 자줏빛
제비 한 마리
들찬길에서 보았소이다

하처심고(何處尋고)

어디에서 찾을까요
청천(靑天)은 어둡고 푸르른데
그대 없으며
창해(滄海)는 거칠고 바람 찬데
님 안 계시니

어디에서 찾을까요
높은 산 깊은 골짜기
그대 보이지 않고
깊은 강 넓은 물길
님 찾지 못하네

높지도 않고
깊지도 않은 곳
밝지도 않고
어둡지도 않은 곳
님 계신 곳 어디일까요

보이질 않는 님은
행여 이맘 아시려나

단심(丹心)으로 님
기다리는 이 밤
내 님은
어디에서 찾을까요

야사하(夜思何)

소슬한 달밤
님은
무슨 생각하시나요
행여 그리움에
달 보며 눈물 짓지 않나요

삼경 너머 밤까마귀
공허하게 홀로 울적
미닫이문 작은 창에
달빛되어 오시어요

내가 그리 어여쁜지
고맙고 미안해 이슬 맺힙니다
바람이 비 몰고 와
안개 같은 하늘에서
당신 목소리 들릴 것 같은데
달무리 진 밤하늘 은하수 보며
그대 무슨 생각하시나요
일상 속 망중(忙中)에도
내 생각하시나요

〈
깊은 밤 몽중(夢中)에서
눈물 흘린 적 있나요
이승에서 맺은 인연
믿어도 될는지요
멀리 있어도 사뿐히 오셔서
다정히 얘기해 주세요

친구가 온다
- 有朋이 自遠方來면

메마른 나무 위
하늘에서 청아한
까마귀 울음 내리던 날
남쪽에서 친구가 온다고 하오
기쁘고 두렵고 슬프기도 한 오늘
만남에 대처할 용기 없음에
슬픈 자화상이 웃고 있소
그가 온다는 것은
실로 엄청난 일이리니
30년의 세월을 몰고오는 폭풍에
순간 울고 말았소이다
늙고 병든 나에게 죽기 전에
벗이 있어 찾아온다니
언젠가 볼 수 있겠지라는
막연한 기대감이 부끄러웠소
사는 게 바쁜 이는
죽는 것은 안 바쁠까요

젊은 시절 지란지교는
모든 걸 다 줄 것 같았고

활을 당기듯 지그시 그대를
기다린 것은 한 번의 만남이라도
놓치지 않으려는 마음이었소
서로의 늙은 모습
우린 그렇게 회귀하였고
존재의 이유를 찾았소이다
이제 그대 만나
고립과 공허의 족쇄를 풀고
상생의 온기로 내일을 함께하려니
그대로 인해 전이된 세상은
따뜻한 일상의 오후입니다

고장(故障)

여기 고장 난 남자가 있소이다
무슨 말을 해야 할지
어떤 행동을 하여야 될 지 몰라
오작동을 일으키고
얼굴은 붉게 상기 되었소

두 눈은 마주치지 못하여
제어가 안되는 상태에서
박출량의 증가는
과부하의 뜨거워진 심박수
거친 호흡의 삐에로일까요
그대를 사모하다
마음을 들킨 돌발 상황은
부끄러움에 머릿속이 하얗게
변하여
궤도를 벗어난 열차 같소

민망하여
다시 그대 볼 수 없겠구려
나를 수리하고 고칠 수 있는 것은

그대뿐이라
이제 그대가 이 맘
몰라준다면 머리를 풀고
동굴로 가 침묵으로
나락을 치고 오리다

미처 준비하지 못한 고백은
허공에 맴돌고
상심은 찬 바람과 같이
가슴을 후비는 밤
혼자서 분해하고
재조립해야 할 가슴 보듬고
백 년의 고독과 함께하겠소

조윤호

아호는 후성
교육학 박사
월간 ≪문학세계≫ 작사부문 당선 등단
타래시동인회 회원
(사)한국심리상담협회 회장
한국자격교육협회 이사장
한국축제방송 대표
(사)한국축제포럼 부회장
(사)한국대학발명협회 이사
2023년 대한민국 국회문화예술 초대전 작가
E-mail : call0418@hanmail.net

무인도 · 1 외 5편

조 윤 호

바다는 나를 멀리 두고
끝없는 파도를 보내왔다

이곳에는 이름도 길도
다른 발자국도 없다

고독은 바람에 실려와
나무 그늘에 누워
숨 쉬고
시간은 파도 속에 숨어
낮과 밤을 뒤바꾼다

나는 안다
아무도 없는 곳에서도
별은 여전히 나를 지켜보고
세상은 묵묵히
나를 품고 있다는 것을

조용한 질문

가을은 시간의
가장 깊은 숨결이다
나뭇잎 하나가
흙에 닿는 순간
우리는
한 계절을 보내고
한 생을 더 단단히 쌓는다

햇살은 오래된 금속처럼 부드럽게 빛나고
바람은 말없이
세월을 들려준다

떨어지는 잎은
마지막 빛을 품은 채 조용히 내게 묻는다
"그대의 하루는 어디로 가고 있는가"라고…

무인도 · 2

푸른 바다 위
홀로 떠 있는 섬
파도 소리만이
나를 반겨주네

나무 그늘 아래 누워
뜨거운 햇살을 피하고
시원한 바람에 몸을 맡긴다

그리고
밤이 되면 하늘 가득 수 놓인 별들이
나의 벗이 되어주고
고요한 달빛은
바다 위를 비추네

그래서
나는 외롭지 않고
자연과 하나 되어
자유롭게 숨 쉰다

무인도
나의 안식처
나만의 낙원이다

가을 편지

바람 끝이 서늘해지면
나뭇잎은 서서히 말을 줄인다

햇살은 금빛 물감을 풀어
산과 들을 조용히 물들이고

내 마음 한 켠에도
고운 단풍이 번져간다

멀어지는 여름을 보내며
나는 조용히
가을에게 편지를 쓴다

그리운 어머니

언제나
"난 괜찮다 괜찮아"

그 말씀
이제야
거짓말임을 알았다

시간의 문턱

가을은 시간의 문턱이다
낙엽이 흙으로 돌아가는 순간
끝과 시작이 서로의 손을 잡는다

햇살은 금빛 기억을 흩뿌리고
바람은 오래된 노래를 불러준다

그 자리에서 나는 안다
스러지는 것도
피어나는 것도
모두 같은 시간의
문턱 위에 있다는 것을
그대의 차분함을 오래 간직하고 싶다고…

최 국 희

아호는 아인(雅仁)
경기 용인 출생
2012년 ≪창조문학≫ 시 등단 2012
비단산문화축제 백일장 심사
불광천페스티벌 시낭송회 개최
한국문인협회 서울 은평지부 백일장 수상
창조문학 운영 이사
한여울문학회원
타래시동인회 회원

시집 『그대 앞에 서 있다』
동인지 『한 여울의 맑은 꽃』, 『꽃은 울지 않는다』 외 다수

E-mail : cookie910@hanmail.net

찬란한 인생 외 5편

최 국 희

간밤에 내린
한 줄 금 소낙비
숲은 싱그럽고

어디서
불어오는 산들바람
두 팔 벌려 환호해

제철 만난 매미
산천이 떠나갈 듯 울고 나면
섬돌 밑 귀뚜라미 노래해

빈들은 고요하고
다시 차오르는 마음으로
새봄 맞을 채비해

어느 날에 묻는다

빛 속에도 빛이
드러나고 숨어 있고
어두움에도 명암이
서로 달리한 채

같은 공간에 살면서도
다른 경험과 기억이
고유한 빛깔로 완성해가는
빛의 여정이다

어느 날에 묻는다
그대 그리고 나
인생의 빛깔은 어땠느냐고

안개의 성(城)에서 나오다

밤하늘의 별들이 말하듯이
침묵 가운데
하늘의 소리를 들어라

살면서
방향을 잃었다면
시작한 곳을 다시 보라

그곳에
마음과 눈길이 가닿으면
늘 안개와 같은 미망(迷妄)이 바로 걷힐 것이니

밤하늘에
빛나는 별처럼
너의 모든 것이 명료하다

봄바람 꽃바람

저 멀리 물가에 머리를 산발한 채
허리가 휘도록 흔들리는 버드나무를 보니
내 마음도 마냥 흔들린다

바람아 불어라
봄바람 꽃바람아
이 봄이 다 가기 전에

맹렬한 기세로 내달리는
전에 없는 거친 바람이다
그래도 봄이니까 봄바람이지

벌 나비 날아들고
꽃들이 춤추니
꽃바람이지

바람아 불어라
봄바람 꽃바람아
이 봄이 다 가기 전에

오월의 숲길

찬란한 오월의 숲속을 걷고 있다
이미 몸은 겨울이고
마음 또한 바짝 따라가고 있었다고
그러나 이걸 따져 무엇하랴

가슴은 부풀고 손바닥이 간질거린다
희미해진 감성을 불러 모은다
오늘은 누구를 소환하여
이 오월의 숲을 걸어볼까나

사랑

그대 가슴에
아직 내가 살아있나요

최 림

본명은 최명희
충남 예산 출생
2013년 《자유문학》 등단
한국문인협회 회원
한국자유문인협회 회원
서대문문인협회 사무차장
은평문인협회 이사
한국시낭송회 회원
2020년 서대문문협상 수상

시집 『물흐르듯 흘러가면서』 (2018) 출간
E-mail : cmih0410@naver.com

이끼꽃 외 5편

최 림

버드나무 가지 눈뜨기 전
산 바위 이끼꽃 피고
지리산 숲길
숨바람 돌아 나온다

논밭 달리던 쟁기도
땀방울 곡선 타던 괭이도
조리개 초점 낡은 사진 한 장
눈빛만 시들어 간다

땀 땀 수

무지갯빛 면사
한 가닥 한 줄씩 뽑아놓고
바늘 걸음 수만큼 실개천 흘러간다

폭신한 바구니 안
가득한 것들 그 노랫소리
외출을 준비해 놓고

펼쳐놓은 광목 반 마 안으로
새들 나무 야생화 소집하니
색색 땀땀이 달려 나온다

산 너머 다가온 꽃 빛바람 손잡고
이사 나온 자연 눈 마주하니
한줄기 하늘빛 타는 작은 소녀

열어놓은 것뿐

뜨거운 바람 불어온다
내핵 지하문
살짝 열어놓은 것뿐이라는데
붉은 이를 드러내지도 않았다는데
단백질들이 다 타버리고
재만 남을 것 같다

흔들리는 숲은
목이 탄다 타들어간다
아우성이다
높은 하늘은 파랗기만 하고
먹구름 한 점 띄움도 없다

하늘과 땅끝까지
또 다른 태양폭풍 이글거리는 듯
꽃들 위에도 여러 형태로
검은 실선들 긋고 또 긋고 있다
입에 담는 말들의 무게는
천만 근이라 한다

종이나비

햇살 속으로
나비들 날아가는데
종이나비 홀로
날갯짓 글 익힌다

목련

날자 날아보자 어서
비가 온다고 눈이 내린다고
해야만 하는 일
솜털 옷 벗고 나가자

두꺼운 껍질을 벗긴다는 것
그리 쉽지 않은 일
선물 포장 풀고 풀어내야 보이듯
눈비에 젖은 것 그 옷을 벗어야 한다

생명선이 녹아내리는 듯 아프다고 아우성
강한 바람 선에 감긴 듯
기지개도 켤 수 없다고
뾰족한 입을 내밀고 심호흡 중이다

구름 지붕 사이로
햇볕은 분초 웃음 꼬릴
길게 남긴다
하얀 새들의 비상은 시작되었다

눈 빠지는 날

온종일
기다리는 날
소식은 없다 없다고

길 아닌 길 저 넓은 길
나비 약도 받았을 텐디
빗님 만나 못 오는 겨

최임순

한국문인협회 문학연구위원회 위원
한국문인협회 양천지부 자문위원
한국문예작가회 부회장 · 사회자 · 문학평론가
한국문예연수원 문예 창작 지도교수
한국문예문학상 심사위원
중앙대학교문인회 이사, 한국대경문인회 이사
대한민국신문기자협회 한국문학대상 수상
한국인문대상 한국문예작가회 공로상 수상
한국문인협회 양천지부 문학상 수상
법학과 법률봉사회 기획부장 감사장 수상
국민행복여울문학상 시낭송대상
시집 『아름다운 미학』, 『사랑의 꽃 새롭게』 외 다수

호수 외 5편

최 임 순

물빛이 마음을 어루만집니다
바람이 지나가고 햇살이 머물며
그림자도 조용히 익어갑니다
일렁이는 물빛에 유구한 억겁의 세월

빠른 인생 돌아보면 속절없는 날들
주름진 손에 영롱한 눈빛으로 위로하며
호수에 하얗게 에델바이스 한 송이
그토록 순정한 마음 품어주네

위대한 여정

붉은 태양 아래 용솟음친다
인고를 거쳐 세속에 잠들어
야위어진 영혼을 위한 서정의 울림에
태양은 꽃들을 잉태하고 혁명을 꿈꾼다

해 뜨고 별이 뜨고 번개가 허공에
주어진 시간을 통과하여
어둠을 밝음으로 가는 진실한 삶에
봄꽃 향기 휘날려도 가을 단풍이
가슴을 적시는 것을 느껴 봅니다

번개 친 후에 고요한 별이 떠 있는 하늘
허공이 젖고 있는 줄도 알았어요
마음이 우리의 그림자인 줄 알았습니다

영혼의 힘이 세속에 묻혀 야위어진
영혼 거울에 비추어 솟구쳐 휘날리고
우주를 사랑하고 마음을 열면 향기롭고
그리움 피고 지고 머물다 다시 피어나
저녁노을에 붉게 타네요

권력의 욕망

끝없이 채울 것만 독촉한다
비밀정원에 잃어버린 율리 도덕 사라지고
흘러보는 시간 위로 떠다니는 얼굴들
무게를 느끼며 찬바람이 불어도 강렬하다

권력의 노예가 되면 파멸의 길
총명한 솔로몬도 왕국을 구축하여도
욕망에 사로잡혀 폭압 정치로 분열
세상사 회상의 나래는 멍한 가슴이 되어

삶의 외로움 엄습해지면 어느덧
인생길에 짙어가는 그림자 허전한 마음은
아무도 알 수 없는 내일이 다시 오고
정적이 살갗을 저미누나

얼굴에 핀 웃음꽃

초록이 짙은 맑은 하늘
따뜻한 기쁨에 고요한 숲길
햇살은 푸른 희망에 나뭇잎 위에서
물빛처럼 반짝이고 작은 바람 한 줄기
뺨을 스치듯 지나간다

배우자의 눈빛엔 오랜 세월의
따뜻함이 흐르고
아들의 미소에는 든든한 그늘이 되어
며느리의 정결한 손길 말 없는 감사를 건넸어요

차향에 잊히지 말고 마음에 머물러
그 여름날 추억 몸과 마음을 적셔주는
따뜻한 기쁨 바람 따라 마음에 머물러
보랏빛 마음에 반짝이는 여정

다이돌핀

사랑은 미소 속에 피어나고
행복은 그 안에 머문다
바람과 꽃은 말이 없지만
토파민의 사천 배 다이돌핀이
용광로 불꽃처럼 솟아오른다

인생 꽃

한 송이 꽃이 피어나듯
익어가는 우리 인생도
수줍게 피었습니다

봄바람에 흔들리고 여름 햇살도
뜨겁게 견디며 가을빛에 물들어
겨울을 준비하는 순간이
한 송이 꽃이었습니다

누구는 화려했고 누구는 조용했지만
저마다의 자리에서 꽃피는 계절에
충실히 피어 있었지요
지는 꽃이 아닌 다시 피기 위한
숨 고르기 축복입니다

한승희

국어국문학 전공
2016년 ≪에세이문학≫ 등단
어린이도서연구회 회원, 글쓰기 논술지도
살레지오수녀원 주부학교 국어교사
KBS, CBS라디오 모니터로 활동
2021년 문학의집 서울우리동네이야기 공모전 수상
2022년 제16회 동서문학상 시부문 수상
2023년 한국예술인복지재단 예술인창작준비지원금 선정작가
2023년 한국문화예술위원회 아르코창작기금 발표지원 선정작가
수필집 『마음을 거닐다』, 『서울 다이어리』
동인지 『꽃은 울지 않는다』 외 다수

호박꽃 외 5편

한 승 희

자갈밭이면 어떻고 언덕배기면 어떠랴
좋은 땅 나쁜 땅 가리지 않았다
땅만 내어준다면 어디든 덩굴손 올린다
등불보다 밝은 탐스런 노란꽃

소낙비 지나간 투명한 아침
부지런히 날아드는 꿀벌들
맘 좋은 호박꽃은 아가리를 크게 벌리고
손님맞이에 정성을 다하고 있다

무더위에도 꿋꿋하게 견디며
잎이며 열매 풍성히 달아 다 내주고
설핏한 햇살에 서리꽃 필 때면
황금 꽃진자리 황금덩이 실하다

손톱만한 씨가 실한 열매가 되어
펑퍼짐 툇마루에 자리 깔고 앉아
빈 벽면 바라보며 자숙의 시간을 보내고
떡이 되고 약이 되는 우리네 푸근한 식구

모과꽃

토닥토닥 내리는 봄비에 마음 젖고
시샘하는 바람에 마음 다쳐도
눈부신 봄볕에 겨워 연분홍 꽃을 피운다

조바심에 놓쳐버린 지난날들
노파심에 편할 수 없던 많은 밤들
잡히지 않는 것을 움켜쥐고자 애쓰던 시간들

보고 싶은 얼굴 모과꽃 그늘에 선다

저만치 비켜서 대접 못 받는 모과
천대받는 무관심에 이골이 났어도
살아있음에 짙은 향기로 가을을 익힌다

할미꽃

누가 볼세라
수줍음 매달고 피는 꽃
멀찍이 떨어져 피어있는 한 송이 두 송이

붉은 마음 가득 고이 접어두고
쉽사리 곁에 다가가지도 못하고
행여 아는 이 만날까 두려워
돌고 돌아 집으로 가는 길

어렵게 찾아온 봄볕에
가나다라 배우며 웃으며
가슴에 품은 책 한 권 글자가 보이니
저절로 벌어지는 꽃잎들

고개 들어 하늘 보고
평생 숨겨온 비밀 보자기 펼쳐
붉은 마음 내보이니
가슴속 응어리 풀어지네

밝아진 세상
깨어나는 꽃잎들

제비꽃

양지쪽 작은 모습
쌀알같이 고운 알갱이
너의 새 생명 처음 만났지

밝고 여린 보랏빛 꽃잎
거친 들판 고요한 숨결
신비한 속내 무얼까

봄마다 어김없이 피어나
낮은 자의 편에 서서
거룩한 생명의 노래 부르네

동백

하얀 그리움
붉은 눈물

도라지꽃

가을 길목에

양지바른 언덕에 홀로 서
바람에 흔들리는
차분한 숨결
은은한 향기

마음에 한 번쯤 간직한
단아하고 소박한 도라지꽃

타래시동인회 스물아홉 번째 시집

해바라기 편지

초판발행일 2025년 9월 28일

펴낸이 : 신다회
글쓴이 : 타래시동인회
편집위원장 : 김늘무, 채림
카 페 : https://cafe.daum.net/taraelove
E-mail : edustory@hanmail.net
전 화 : 010-2320-9908

펴낸곳 : 도서출판 문학공원
주 소 : 서울 은평구 통일로 633 녹번오피스텔 501호
전 화 : 02-2234-1666
팩 스 : 02-2236-1666
홈페이지 : https://blog.naver.com/ksj5562
E-mail : 4615562@hanmail.net

※ 책값은 뒤표지에 있습니다.
※ 저자와의 협의에 의해, 인지는 생략합니다.